revenu de chez mr. Pétis.

EXAMEN

DES

CAUSES DESTRUCTIVES

DU

THÉATRE DE L'OPÉRA,

Et des moyens qu'on pourroit employer pour le rétablir ;

OUVRAGE SPÉCULATIF,

Par un Amateur de l'Harmonie.

par le Sr Gariel

A LONDRES;

Et A PARIS,

Chez { La Veuve DUCHESNE, Libraire, rue S. Jacques, au Temple du Goût.
CAILLEAU, Imprimeur-Libraire, rue S. Severin.
ESPRIT, Libraire de Monseigneur le Duc de Chartres, au Palais Royal, sous le Vestibule du grand Escalier.

M. DCC. LXXVI.

EXAMEN

DES

CAUSES DESTRUCTIVES

DU THÉATRE DE L'OPÉRA;

Et des moyens qu'on pourroit employer pour le rétablir.

L'ACADÉMIE Royale du Musique, est la seule connue, qui soit sans Académiciens.

L'Académie de Danse qui paroît en dépendre, puisqu'elle ne sauroit se passer de son secours, a sur la première l'avantage d'une existence positive. Elle fut établie en 1661, & composée de treize Académiciens y compris le Président & le Directeur. Cette

A ij

Académie peu nombreuse a des Écoles, & l'on en voit sortir tous les jours des Sujets qui font la gloire & le charme du Théâtre.

Il seroit bien à souhaiter qu'on en eut fait autant pour l'honneur de la Scène Lyrique. (*a*) Louis XIV qui s'y intéressoit lui accorda de grand priviléges. Lully, qu'on peut regarder comme le Fondateur de l'Opéra, obtint le droit d'exercer exclusivement l'Art de la Musique. Ce privilége étoit pour lui de la plus grande consé-

---

(*a*) Le premier Opéra qui a été donné en France étoit en Langue Italienne ; c'est au Cardinal de Mazarin à qui l'on doit son institution ; il fit venir d'Italie, à l'Epoque du mariage de Louis XIV, les plus habiles Chanteurs, & les plus grands Artistes, pour donner à cette Fête tout l'éclat, toute la pompe, & toute la magnificence dont l'Opéra est susceptible, & pour le rendre digne d'une Fête aussi auguste. La jeunesse du Souverain l'empêcha de goûter les charmes de la langue Italienne, qu'il ne connoissoit pas, il desira voir ce sublime Spectacle dans sa langue, voilà le véritable origine de l'Opéra Français.

quence; il connoissoit assez le génie & l'industrie de la Nation Française, pour craindre qu'il ne s'élevât un autre Spectacle plus magnifique que le sien, & qui pût lui faire perdre tout le fruit de ses soins.

Durant le cours de ce despotisme harmonique, qui dura près d'un siècle, l'on vit éclore un Spectacle forain connu sous le nom d'Opéra-Comique. Le Théâtre Lyrique s'opposa d'abord à cette nouveauté, mais la protection momentanée, accordée à un Spectacle naissant, qui offroit de nouveaux plaisirs au Public, & la rétribution que ce Théâtre paya à l'Opéra, lui obtinrent le privilége du chant, que l'Académie de Musique lui acorda pour un terme limité; elle crut y trouver un avantage réel, mais les conditions du bail lui devinrent très-préjudiciables, car ce nouveau Théâtre, qui, depuis cette époque, s'est associé à la Comédie Italienne, a beaucoup empiété sur les droits de l'Opéra.

Tandis que l'Opéra-Comique se permettoit chaque jour quelques usurpations nouvelles, pour attirer le Public à lui, il ne pouvoit souffrir que les petits Théâtres des Boulevards & des Foires cherchassent à l'imiter; il obtint donc que le Chant leur seroit interdit. La Musique Vocale fut conséquemment bannie du Boulevard ; elle s'en éloigna avec peine, regrettant la perte irréparable des Sujets qui auroient pû en s'exerçant sur ces petits Théâtres, perfectionner leurs talens, & briller un jour sur les Théâtres du Roi. (*b*)

Tel sera toujours l'effet de la tyrannie du privilége exclusif, qui en nuisant aux autres se nuit à lui-même. Les Français ont excellé dans les Arts & dans les Sciences, ils se sont montrés inférieurs dans l'Art de la Musique, peut-être est-ce par une suite de ce principe, le privilége exclusif lui a été accordé; les Arts & les Sciences n'ont point

---

(*b*) Toutes les entraves que l'on a mis aux Spectacles forains, ont été en pure perte, & n'ont jamais empêché l'affluence des Spectateurs, qui, les ont souvent préférés aux autres Spectacles.

eu ces entraves ; elles se sont accrues par une émulation qui a été le fruit de la liberté.

Établissement d'Académiciens à l'Académie Royale de Musique.

Le privilége réel, dont l'Académie Royale devroit jouir, seroit d'avoir des Académiciens.

Tous les Arts & toutes les Sciences devant être réunis, pour donner au Spectacle de l'Opéra le degré de grandeur & de magnificence dont il est susceptible, l'Académie de Musique devroit être composée de différentes classes d'Académiciens.

Dans la première, des gens de goût, Amateurs & cultivateurs des beaux Arts & des Sciences.

La seconde, des gens de Lettres & Artistes célèbres, qui font honneur à notre siècle.

La troisième, de Compositeurs, dont les productions ont mérité les suffrages du Public, & de Musiciens chantans & executans, qui ont acquis la réputation la mieux fondée.

Cette Académie tiendroit des séances comme les autres, tant pour juger les ouvrages de Littérature, de Musique, de Dessins, de Décorations & de Machines; que pour juger les talens des Musiciens qui se présenteroient pour y être admis.

Le Candidat devroit réunir tous les talens du genre qu'il cultive, & cette institution ne pourroit que produire, indépendamment de l'étude & de l'émulation pour mériter les premiers suffrages, un bénéfice considérable à l'Académie, en rendant en même-tems juge & spectateur le Public des talens du Candidat.

L'Académie pourroit en conséquence, à la réception d'un Compositeur, d'un Musicien chantant, ou executant, donner un grand Concert dans la Salle de l'Opéra, qui seroit affiché, & dont le Public avide des nouveautés, feroit amplement les frais de la réception. Cette ressource ne seroit pas d'une grande importance, mais l'Académie de Musique, ayant alors une consistance vraiment Académique, inspireroit à tous les Musiciens qui voyagent en France, le desir de s'y faire recevoir ; les différens ouvrages que les Musiciens étrangers donneroient à leur réception, ne serviroient qu'à exciter davantage l'émulation , & ouvriroient un plus vaste champ au génie.

RÉFLEXIONS sur les Spectacles & établissement de Musique, en Italie.

Que l'on jette un coup d'œil sur ce qui se pratique chez l'Étranger, & l'on verra que bien loin d'accorder des priviléges exclusifs à la Musique, l'on s'est fait un objet de politique de protéger tous les établissemens qui la cultivent.

Rome moderne abonde de Spectacles dans le tems qu'ils sont permis, on y voit plusieurs grands Opéra ; celui qui est trouvé le meilleur, & qui a le plus de partisans, est le plus fréquenté.

Naples en a pareillement plusieurs qui,

font ouverts pendant neuf mois de l'année.

Venise en a huit & quelquefois neuf, dont deux de grands Opéra (c), deux Opéra Comique, & les autres de Comédies, sans compter les Parades, les Chanteurs de la place de S. Marc, & tout ce qui est connu sous le nom de Saltinbanque.

Toutes ces Villes ne peuvent certainement pas être comparées à celle de Paris; les Salles de Spectacle y sont infiniment plus grandes & plus commodes que celle de France; indépendamment de la liberté illimitée de chanter, les Musiciens étrangers jouissent de celle de donner des Concerts

---

(c) Personne n'ignore que c'est à cette politique, que la République doit l'affluence des Étrangers, dans le Carnaval, & à la foire de l'Ascension; politique, qui lui rapporte des bénéfices considérables, les Étrangers y dépensent beaucoup d'argent. Dans l'automne dernier 1775, lorsque l'Empereur, avec les Archiducs ses frères, étoit à Venise, il y avoit tous les jours quatre Théâtres de grand Opéra ouverts, des régates, des courses de gondoles, & toute sorte de divertissemens.

de bénéfices, où le Public va toujours avec empreſſement juger ces nouveaux talens.

Naples & Veniſe ont fait des établiſſemens magnifiques, pour porter la Muſique au point de perfection où elle eſt à préſent en Italie.

Il y a quatre Conſervatoires à Naples pour l'éducation des Enfans que l'on deſtine à la Muſique; ils l'apprennent dès leurs plus tendre enfance, comme l'on apprend le latin aux Colléges; ces Enfans ſont deſtinés au Chant, & aux différens inſtrumens qui ſont de leur goût, & ils les connoiſſent tous; à meſure qu'ils grandiſſent, on leur apprend la Compoſition; s'ils ont de la capacité, en ſortant du Conſervatoire, ils compoſent des ouvrages; s'ils excellent dans l'exécution, ils trouvent dans leur propre pays, ainſi qu'ailleurs, les moyens faciles de ſe diſtinguer par leurs talens.

Naples renferme au moins deux mille Compoſiteurs de Muſique; ceux qui ont acquis de la réputation ſont demandés dans les différentes Cours de l'Europe; mais cette Capitale n'eſt pas injuſtement jalouſe des talens formés dans son enceinte, pour ne pas appeller les Musiciens qui se sont distingués chez les Nations Étrangères.

Le Sr. Hasse, surnommé le Saxon, y fut demandé & y composa des Opéra. Toute la Ville & la Cour applaudirent à ses rares talens ; il n'essuya ni la fureur de la cabale, ni les manéges sourds de l'envie ; on s'empressa au contraire de profiter des idées heureuses dont il fournit le modèle.

Le Chevalier Gluck a éprouvé le même sort dans la Patrie des Pergolézes, des Perez, des Galuppi, des Piçinni, des Anfossi, des Sachini ; ses succès l'ont encouragé : il hazarde l'entreprise la plus hardie, la plus difficile, celle de combattre l'opinion d'une Nation idolâtre de ses préjugés, d'une Nation qui se faisoit gloire d'avoir une Musique à elle seule, tandis que toutes les autres avoient succombé sous la tyrannie mélodieuse & touchante de la Musique Italienne.

La République de Venise, à l'imitation de la Ville de Naples, a formé des établissemens pour la Musique, mais elle les a principalement consacrés à un sexe qui, déjà sûr de nous intéresser par les charmes de la beauté, acquiert encore de nouveaux droits sur nous, lorsque la mélodie la plus touchante achève de nous subjuguer.

Par différens legs la République a établi aussi quatre Conservatoires; les filles y sont élevées avec le plus grand soin jusqu'à l'âge où elles peuvent prendre l'état du mariage, elles en sortent avec une dot & beaucoup de talens; celles qui ne veulent point se marier obtiennent des grades dans leurs Communautés, & servent dans la suite à instruire les nouvelles arrivées.

C'est dans ces Conservatoires où l'on voit que ce sexe a passé les bornes qu'il semble s'être prescrites en musique; ces jeunes élèves jouent de toutes sortes d'instrumens, aucuns n'en est excepté, & tous les Étrangers sont étonnés de les voir parvenir dans l'éxécution, aux efforts des plus célèbres Artistes, & vaincre les plus grandes difficultés; ces Conservatoires offrent continuellement un Spectacle, ou les deux sens de la vue & de l'oüie, font également fatiffaits.

Paris a befoin d'un établiffement auffi utile, combien de talens qui pourroient s'y former, demeureront fans culture ! Comblien de familles trouveroient des reffources dans leurs Enfans, s'il y avoit de tels établiffemens. Paris la feule Ville de l'Europe qui devroit réunir tous ces avantages, eft la feule qui n'en poffède aucun.

On demandera peut-être dans quelle claffe des Citoyens on pourroit trouver des Sujets convenables, pour former une pareille inftitution ? C'eft précifément dans la même claffe, que les Napolitains & les Vénitiens prennent ordinairement les Enfans qu'ils inftruifent.

Ces infortunés, qui par l'obfcurité de leur fort, font privés des careffes maternelles & des foins qui en font la fuite, trouvent dans ces Confervatoires des Pères tendres, qui leur donnent les fecours que la Nature leur a refufé; c'eft dans le fein des beaux Arts, qu'ils reçoivent le foutien de la vie, & le moyen de fe la rendre heureufe.

Rougiroit-on en France d'imiter un fi bel exemple? ou croiroit-on impoffible que nos oreilles fuffent flattées par un être, dont la naiffance n'eft pas fondée fur des droits légitimes? Combien d'excellens Sujets pourroient fervir pour notre délaffement dans l'ordre de ceux qui doivent leur exiftence à nos plaifirs?

La célèbre Baftardella qui a fait & qui fait toujours les délices des Cours Étrangères, n'a été, fuivant l'opinion commune, & fuivant fon fur-nom qui la défigne, qu'un Enfant trouvé. Quel gré ne doit-on pas fçavoir à ceux qui lui ont donné une éducation fi brillante & fi parfaite?

L'encouragement marqué que l'on accorde par-tout à la Mufique, démontre l'indifpenfable néceffité de faire à Paris, pour elle, ce que l'on fait prefque dans toutes les Villes de l'Europe.

ÉTABLISSEMENT d'une École gratuite de Musique.

La France occupée, sans cesse de la perfection des Arts, vient de fonder une *École gratuite de Dessin*, ne pourroit-elle pas fonder aussi une *École gratuite de Musique?* Ces deux établissemens réunissent des avantages réels; l'agrément va assez communément de pair avec l'utile.

Il n'y a point d'efforts que l'on ne doive faire pour étendre cet Art enchanteur; les limites que l'on a suivi trop exactement en France, sont les vraies causes de la décadence de l'Opéra, & la preuve en est toujours plus sensible chaque jour.

RÉFLEXIONS sur les Spectacles que l'on donne à l'Opéra.

Il se représente dans les grandes Villes de l'Europe, au moins cent Opéra Italiens par an, avec une Musique nouvelle, & à peine en voit-on deux sur le seul Théâtre de France.

Différens

Différens Auteurs voués à un autre Spectacle, ont voulu essayer leurs talens à l'Académie, ils n'ont pas été heureux. Le goût de son instituteur prédominant encore, les Amateurs de l'ancien stile ont frondé les nouvelles productions, ceux du nouveau frondent les anciennes, & même celles qui les imitent ; cette guerre musicale intestine, qui dure depuis vingt ans, cause de plus en plus la ruine de ce Spectacle.

Sa plus grande ressource consiste actuellement dans la Danse ; ses Amateurs prétendent que ce foible accessoire puisse le soutenir, mais l'expérience démontre qu'il faut satisfaire l'esprit & le cœur, avant que les yeux le soient ; le succès de Castor & Pollux, de Dardanus le prouvent, & l'intérêt attendrissant d'Iphigénie ne fait point désirer qu'il soit interrompu par les pas brillans des Vestris, des Heinels, des Gardels ; le Public paroîtroit plus satisfait de ne les applaudir qu'au Ballet qui termine ce charmant Spectacle.

Composition de Ballets Pantomimes.

La Danse est portée en France au plus haut dégré de perfection, elle est imitée & applaudie par toutes les Nations ; on veut partout des Opéras Italiens, & des Danses françaises ; la Musique dansante est aussi accueillie avec enthousiasme ; sa légèreté, son brillant, son harmonie, lui ont fait non-seulement passer les frontières, mais franchir les Alpes, l'Appenin, les Pirénées & les Mers ; elle seule n'est point de contrebande chez l'Étranger ; mais si l'éxécution en est aussi admirable, on ne peut se dissimuler que la composition des Ballets à Paris, ne mérite pas le même suffrage ; on ne se plaint pas qu'ils ne soient très-variés, mais on se plaint qu'ils ne représentent autre chose que des entrées à seul, des pas de deux, de trois, de quatre, de chaconnes, de pirouettes, de belles attitudes, de sauts, de gambades & de minauderies.

Si ces Ballets ne sont pas mieux entendus, c'est encore une ancienne habitude de répéter par la Danse, ce que la Scène précédente a représenté, & il faut pendant tout ce tems que le Dieu & la Déesse, le Héros & l'Héroïne, le Berger & la Bergère attendent plus d'un quart-d'heure leur tour pour chanter, assis sur une banquette, appuyés aux Loges, où ils font la conversation pour se désennuyer, ce qui ne prête point à l'illusion théâtrale, la détruit au contraire, puisque le Héros ou le Berger quitte alors en face de tout le Public cette dignité, ou cette naïveté qu'un moment auparavant l'avoit séduit.

L'on croit que le Ballet devroit préparer l'action pour l'Acte suivant, & la composition devroit en être la Pantomime. Le célèbre Novers a composé des Ballets savans & magnifiques, qui ont fait l'admiration des Cours étrangères. Le sieur Vestris, dont les talens méritent les justes applaudissemens qu'ils reçoivent, n'a pas dédaigné d'imiter celui de Médée & de Jason qu'il a dans son origine si bien rendu, qui a été constamment suivi, dont on s'est souvenu

B ij

avec tant de plaisir & que l'on revoit avec le même empressement. Pourquoi Novers, lorsqu'il est venu en France, n'a-t-il pas donné quelqu'un de ses Ballets à l'Opéra ? C'est encore le privilége de l'Académie de Danse, qui frustre le Public du plaisir de connoître & d'applaudir les talens d'un homme célèbre, dont il a admiré les écrits.

L'Académie de Danse n'auroit-elle pas dû engager le sieur Novers à se faire recevoir, & à composer un ou deux Ballets pour le prix de sa réception ?

On est très-éloigné de penser que l'on dût lui laisser faire exclusivement tous les Ballets, il est absurde qu'un homme ait seul la prérogative de travailler pour l'amusement du Public ; le plus grand génie a des bornes & il ne peut que se répéter ; ce sont les différens chefs-d'œuvres dans les différens genres qui en ont fait éclorre d'autres ; différens Compositeurs de Ballets ne pourroient que produire le même effet & rendre cette partie épisodique du Spectacle, plus intéressante qu'elle n'est.

Dépense exorbitante de la Ville pour le soutien de l'Opéra.

Sans un changement total dans la constitution de l'Opéra, il est donc impossible qu'il parvienne à se soutenir; la monotonie perpétuelle qui y règne, & les anciens usages que les Directeurs ont suivi & qu'ils n'ont pas osé varier, sont encore une des causes de la décadence de ce Spectacle; un homme de génie, s'il est appuyé, peut seul parvenir à lui rendre & à augmenter même sa splendeur, & s'il n'est pas nécessaire qu'il sache faire des chaconnes & des airs de Ballets.

Le Bureau de la Ville a fait diriger pendant quelque tems ce Spectacle pour son compte, il lui en a coûté cent vingt à cent trente mille livres par an pour le soutenir, sans que les premiers Acteurs fussent mieux payés qu'autrefois.

Encouragement aux Auteurs.

Le premier objet dont on devroit s'occuper seroit d'encourager les Auteurs. Les

Critiques publient qu'il n'y en a plus, que Quinault, Fontenelle & les Poëtes contemporains de Lully ne feront égalés ni approchés. Les Critiques fe trompent, le génie eft de tous les âges, ce qui le rétrecit eft le peu d'efpérance que les ouvrages foient reçus par l'adminiftation actuelle, & la modique récompenfe d'un travail long & pénible. L'Auteur qui compoferoit un Opéra fe livre actuellement à faire des Drames larmoyans à l'Opéra-Comique, ou à traduire des Opéras-Bouffons Italiens. Le fuccès inoui de la Colonie va changer les Auteurs en Traducteurs, ce métier pénible, fervile & ennuyeux, mais lucratif, l'emporte fur la gloire, fur-tout lorfque fon chemin n'eft pas non-feulement difficile, mais inabordable.

Que l'Académie Royale de Mufique accorde aux Auteurs le droit qui leur eft accordé aux Comédies, qu'elle renonce au privilége de faire imprimer & vendre ellemême les livres des Opéras que l'on y repréfente ; que ce droit de propriété refte aux Auteurs, & elle en trouvera autant dans les deux genres qu'elle en aura besoin.

Posé ce principe, l'Académie pourroit proposer différens sujets pour le prix de la représentation, elle seroit alors dans le cas de donner un jugement sur tous les ouvrages, & l'on seroit certain, que les cabales, ni les protections, n'auroient fait donner la préférence à aucun ouvrage, l'on imagine qu'il n'y pas d'Auteurs de Poëme ou de Musique qui ne se soumit à la décision de l'Académie composée suivant le plan que nous avons proposé.

Choix de quatre Opéra par année donnés alternativement.

L'Académie seroit alors dans le cas de choisir au commencement de l'année quatre Opéra qu'elle donneroit trois fois par semaine, & chaque semaine, ou toutes les quinzaines, un différent; celui qui mériteroit plus d'affluence seroit donné plus souvent que les autres; si dans les quatre il y en avoit un qui n'eut point de succès, alors elle se prépareroit pour mettre en Scène un autre pour le remplacer ; il est constant que cette variété ne manqueroit pas d'attirer un plus long concours, & le Public ne languiroit jamais dans l'attente d'un nouveau Spectacle.

Cette méthode qui seroit très-agréable aux Spectateurs, ne le seroit pas moins aux Acteurs, parce qu'ils ne seroient plus obligés de perdre le long de l'année inutilement leur tems à des répétitions, & à des changemens, mais ils pourroient s'occuper à l'étude des Opéra, que l'on décideroit pour l'année suivante.

Liberté à la Comédie Italienne de chanter sans payer de rétribution à l'Opéra.

Un des moyens que l'Académie de Musique pourroit encore mettre en pratique, seroit de faire don à la Comédie Italienne de la liberté de chanter sans recevoir aucune rétribution ; il seroit même de sa dignité d'annuller le bail qu'elle a fait aux Italiens en y mettant des restrictions, & en se réservant le privilége de choisir les Sujets qui pourroient lui être utiles. Ce Spectacle, qui s'élève sur les ruines de l'Opéra (*d*), & qui lui est devenu un concurrent redoutable, devroit être restraint aux ouvrages de son institution, & aux Parodies, avec défense de s'en écarter, & d'enlever à la Comédie Française les Drames larmoyans qui lui appartiennent de droit, & la Magie à l'Opéra.

L'Académie de Musique ne recevant plus

(*d*) On pourroit imaginer que l'on viseroit à la destruction du Théâtre Italien, on est très-éloigné de le penser; ce Théâtre féconde en ressources plus qu'aucun autre, il est à la veille de se voir privé du genre primitif; la cause de cette perte imminente, est assez connue pour que l'on se dispense de la publier; ne pourroit-il pas revenir sur les droits dont jouissoit jadis l'Hôtel de Bourgogne, & de soulager la Comédie Française de la représentation d'une infinité de Pièces, qu'elle refuse souvent par humeur, & dont les Auteurs ont raison d'être irrités.

M. Cailhava, qui démontre la nécessité indispensable d'un double Spectacle Français, trouveroit une petite ressource à cette restauration, qui deviendroit même intéressante par la Parodie de la Scène tragique, dont on a perdu les traces.

le *pacta conventa* forcé des Italiens, seroit libre de faire sur son Théâtre ce qui lui paroîtroit convenable ; le champ est vaste, & les ressources qu'elle peut mettre en usage sont immenses.

Projet de faire venir l'Opéra-Comique Italien & le grand Opéra.

Elle pourroit commencer par faire venir l'Opéra-Comique Italien. Si les traductions attirent tant de Spectateurs à la Comédie Italienne, on laisse à juger, indépendamment de la nouveauté, combien les originaux en améneroit à l'Opéra. On pourroit représenter ces Spectacles les jours que l'Académie ferme son Théâtre ; ce fond est très-considérable, & il ne coûteroit que l'achat des partitions en Italie.

Les Opéra-Comiques Italiens exigent au plus cinq à six Acteurs, les premiers Sujets sont bien payés sans l'être cependant exorbitamment, les autres coûtent très-peu. Le choix de ces Sujets ne seroit pas difficile ainsi que celui des Opéra-Comiques, il ne faudroit pour cela qu'un homme qui eût du goût, la connoiffance de la Langue & des Spectacles ; cet homme ne feroit pas difficile à trouver.

La dépenfe de ce nouveau Spectacle feroit très-modique, le fond des Décorations de l'Opéra feroit plus que fuffifant, la partie de l'habillement ne feroit point difpendieufe ; l'on croit qu'en la portant à 150000 par an, y compris les appointemens à augmenter à l'Orcheftre, la garde & autres frais, feroit la faire monter à la fomme la plus forte, en ne mettant la recette que pour trois jours de la femaine, & en y comprenant le nouveau bail des Loges à l'année qu'à 500000 liv. il eft conftant que l'Académie gagneroit au moins 350000 qui ferviroient à mieux payer les Sujets Français, leur faire un fort, & une retraite affez honnête pour faire defirer à tous ceux qui tournent leurs vues du côté de la Comédie Italienne, d'être admis à ladite Académie.

Il ne faudroit pas faire un bail plus long d'un an aux Comiques Italiens, parce que l'on auroit le plaifir de changer toutes les années de Sujets, quitte à faire de nouvelles conventions avec ceux qui plairoient davantage au Public; l'on feroit alors libre du choix & l'on ne s'affujettiroit point à faire des penfions lorfqu'ils ne font plus en état de fervir.

Le Public de Paris, defirant varier fes plaifirs, on doit s'occuper de tout ce qui peut contribuer à fon amufement. L'on fent conféquement qu'il pourroit aifément fe laffer de l'Opéra-Comique Italien, il feroit aifé de le fatisfaire par un Spectacle qui ne deviendroit pas moins intéreffant, en faifant venir alternativement le grand Opéra Italien.

La comparaifon de ce Spectacle avec l'Opéra Français, ne pourroit que donner la plus grande émulation à nos Compofiteurs & à nos Chanteurs, on tâcheroit d'engager les meilleurs Sujets, le choix des Opéra à grand Spectacle ne feroit point difficile, le célèbre Métaftafe en a compofé une infinité de très-agréables, qui ne coûteroient rien à l'Académie. On feroit venir pareillement les Auteurs qui ont eu le plus grand succès, pour en faire la Musique. Ces Auteurs étant à Paris apprendroient la Langue, & pourroient alors mettre en Musique des Opéra Français; n'ayant avec eux d'autres engagemens, que pour faire des Opéra une année, on ne seroit non plus forcé à leur faire des pensions, & l'on cesseroit d'en faire venir lorsque le goût seroit assez formé.

Pour que le Public pût entendre les paroles des Opéra Italiens, on feroit traduire lesdits Opéra en Français à côté de l'Italien, & la vente des livres serviroit à payer le Traducteur.

L'on ne doit pas douter combien un Opéra Italien, chanté par les plus habiles Musiciens, avec des Ballets Épisodiques au sujet, donneroient un nouveau charme, & le plus grand lustre au Théâtre Lyrique.

Réflexions sur les effets de la Musique Italienne.

On est actuellement dans un si fort enthousiasme pour la Musique Italienne, que tels efforts que l'on fasse, on ne pourra jamais en arrêter le torrent, & si l'Opéra ne veut point succomber, il faut absolument qu'elle l'adopte. La passion où l'on est pour elle, fait que l'on chérit ici aussi vivement l'image qu'ailleurs la réalité. (*e*)

Le sieur Nioul *Fausset* n'a qu'à paroître au Concert Spirituel pour enlever tous les suffrages ; il a certainement beaucoup de talens, mais peut-on le comparer aux

___

(*e*) La Princesse de Belmonte Pignatelli de Naples, Protectrice éclairée de tous les talens & particulièrement des Musiciens, étant malade & environnée de la Faculté, reçut la visite du fameux Chanteur Raaff. A peine fut-il entré, qu'elle le pria de chanter une des Ariettes dont son Clavecin étoit couvert; le sort tomba sur une du Sr. Hasse, surnommé le Saxon : pendant tout le tems que l'Ariette dura, la fièvre dont elle étoit dévorée cessa entièrement. La Faculté étonnée d'un changement aussi prompt, ne trouva pas de remède plus propre à la guérison de la Princesse, que de lui ordonner le Chant de l'inimitable Raaff". Voilà, Madame, lui dit un des Esculapes, voilà votre véritable médecin «. La sensation que cette fameux Chanteurs de l'Italie ? (*f*) l'on est sûr, qu'il est lui-même d'assez bonne-foi pour convenir, qu'il en est encore très-éloigné.

Princesse éprouva fut si vive, qu'ayant appellé Raaff auprès d'elle pour lui donner une marque de sa satisfaction, elle tira de sa main sa plus belle bague & la mit elle-même au doigt de cet Amphion.

(*f*) Farinelli, Chanteur célèbre & favori de Ferdinand VI, Roi d'Espagne, ayant été demandé en Angleterre, passa par Paris & débuta au Concert Spirituel. Farinelli, qui auroit aujourd'hui le plus grand succès, eut la douleur de ne pas être applaudi, il s'arracha les cheveux de désespoir, & jura de ne jamais revoir un Pays qui n'avoit pas sçû rendre hommage à ses talens. A Londres il remporta tous les suffrages, & les applaudissemens furent universels ; il se rendit ensuite à Madrid, où il parvint aux honneurs qu'aucun Musicien de sa Classe n'obtiendra jamais.

Depuis la chûte de Farinelli au Concert Spirituel, il n'y a pas eu de Chanteurs célèbres d'Italie qui ait osé chanter en public à Paris ; le sieur Caffarelli, que la Cour fit venir à grand frais, fut forcé de chanter au Concert Spiriruel, & il n'a pas été reçu avec cet enthousiasme qui caractérise la sensation

En parlant de *Fauſſet*, on va, ſans doute objecter, que le Public de Paris ne pourra jamais s'habituer à entendre un Héros à voix claire, parce qu'il ne peut point prêter à l'illuſion (*g*). Alexandre le Macédonien,

———

que l'Harmonie fait ſur nous, parce que les oreilles françaiſes, accoutumées aux grands élans des voix de l'Opéra, ſe trouvoient tout de ſuite tranſplantées dans un pays inconnu.

(*g*) Les Français ont une juſte horreur pour la dégradation de l'humanité à laquelle un beau timbre de voix eſt ſujet en Italie; cette méthode, très-ancienne en Aſie, & conſacré à un uſage différent, ne doit ſon origine en Europe, à ce qu'on dit, qu'à un enfant, qu'un malheur imprévû força ſes parens, pour lui conſerver la vie, de le rendre inutile à la propagation. Cet enfant étoit Muſicien, (ſi la tradition eſt vraie) la légèreté de ſa voix, arrivée à l'âge où elle ne varie plus, ſervit d'exemple, l'eſpoir d'une fortune brillante a produit des imitateurs; mais ces imitateurs, dont le nombre diminue de plus en plus, bien loin de cauſer le moindre dégoût aux Spectateurs, leur font éprouver la ſenſation la plus vive & l'illuſion la plus parfaite. C'eſt le Poëme qui fait le Héros, l'expreſſion des

que

que l'on repréfente fouvent au Théâtre, n'a jamais chanté, mais s'il eût chanté quand il réduifit Chéronée, il n'auroit pas pû, eu égard à fa jeuneffe, avoir une voix de baffe-

---

Acteurs caractérife le perfonnage; tout ce qui eft étranger à nos yeux difparoît fur la Scène; un vieux proverbe nous enfeigne que l'habit ne fait pas le Moine, fur le Théâtre c'eft précifément le contraire. Nous voyons à l'Opéra-Comique un amoureux de quinze ans femelle, fon jeu & fon habit nous repréfente un enfant épris de la paffion la plus forte, & nous fommes féduis au point de nous affliger lorfque fon père lui ordonne les arrêts dans fa chambre.

Le célèbre Belli, Muficien de la plus grande efpérance, & que la Parque meurtrière a moiffonné dans fes plus beaux jours, a fait plus d'une fois retentir le Théâtre de Naples, de fanglots & interrompre même le Spectacle en chantant dans l'Opéra de *Démophon* l'Ariette fi connue du Saxon *Mifero Pargoletto*, &c. & tenant le petit Olinte, foit difant fon fils, par la main.

Les tendres Français font-ils moins fenfibles que les Italiens, ou leur prévention pourra-t-elle tenir contre le charme de l'apparence d'une vérité dans le Temple du menfonge! tout ce que l'on voit au Théâtre a-t-il quelque réalité? Ciel, Arbres,

C

taille; Achille chez Licoméde auprès de sa Déidamie, devoit nécessairement avoir la voix du sexe dont il avoit emprunté les habits.

Nous avons des Héros Basse-tailles & Haute-contres, qui ne prêtent pas souvent plus à l'illusion que les Héros à voix claire, avec la différence que ces derniers charment les oreilles, & les autres les écorchent; on laisse à opter ceux qui sont préférables.

Il est à ce que l'on croit indispensable en Musique, que le Héros ou le Dieu qui doit chanter des Duo avec l'Héroïne ou la Déesse, ait une voix à peu-près pareille. Le célèbre Le Gros modifie la sienne, & c'est le seul qui en chantant un Duo ne cause point de dissonnances qui font fuir les Ama-

---

Rochers, Palais, Cabanes, Mers, Rivieres, Fontaines, Embrâsemens, Monstres, Fantômes, Enfers, tout est imitation ou fiction; le Spectateur se prête à toutes ces erreurs, il ne voit jamais que l'apparence d'un Héros; qu'importe s'il n'a pas la consistance générative, pourvu qu'il remplisse l'objet auquel il est destiné en faisant tous ses efforts pour plaire au Public.

teurs de l'harmonie, & déserter les Spectateurs qui ont le timpan délicat & sensible.

DES DÉCORATIONS.

Rien ne doit être négligé pour la magnificence d'un Spectacle comme celui de l'Opéra ; si la partie du Chant, de la Danse & de la réception des ouvrages mérite les plus sérieuses réflexions, la partie de la Décoration ne les mérite pas moins ; on auroit trop à dire si l'on vouloit démontrer combien elle détruit entièrement l'illusion ; on y voit souvent la mer agitée par une tempête furieuse, & les vaisseaux immobiles comme dans le plus grand calme ; cette remarque a été faite dans Iphigénie même, où il y a trois ou quatre petites barques que l'on fait mouvoir comme des berceaux d'enfans, & les vaisseaux plaqués aux coulisses, contre qui la mer agitée frappe avec violence, la bravent avec une audace d'autant plus révoltante qu'elle est sans exemple. Les Directeurs & Administrateurs, occupés seulement des objets relatifs à leurs connoissances, ne font point attention à ces absurdités qui bleffent fouvent la vue du Spectateur le moins éclairé.

L'on croit avoir trouvé un moyen pour avoir non-feulement les plus belles Décorations, & les mieux entendues, mais pour fe munir en même tems d'une quantité de deffins qui feroient un fond à l'Académie.

Celui que l'on imagine feroit le plus flatteur pour les Artiftes français; l'on voit par les ouvrages, & les monumens qui s'élèvent de toutes parts, combien de progrès la Peinture & l'Architecture ont fait; il eft inconteftable que les Artiftes qui feroient chargés des deffins des Décorations, n'y miffent tout leur favoir & leur intelligence pour fe furpaffer les uns les autres; l'Académie affemblée jugeroit le deffin qui mériteroit l'éxécution fuivant le programme qui feroit diftribué aux Artiftes. Celui qui auroit obtenu la préférence feroit éxécuter lui-même fa Décoration en fe conformant au local & à la dépenfe que l'on pourroit faire ; on fçait à peu-près combien une grande Décoration peut coûter, l'on éviteroit avec le plus grand soin la dépense que l'on a faite à plusieurs Décorations en fer blanc, qui ne font aucun effet théâtral, & que l'on ne peut juger que de très-près.

A l'égard des Artistes, dont les dessins n'auroient pas été adoptés, on fixeroit un prix pour lesdits dessins; si les Auteurs vouloient les laisser, ils pourroient servir dans d'autres occasions & formeroient un fond pour l'Académie de Musique. Il est inutile de désigner les Artistes que l'on pourroit choisir, leurs ouvrages les font assez connoître. Personne ne doutera, à ce que l'on imagine, combien cela exciteroit pareillement l'émulation parmi des Artistes pleins de feu, de savoir, & de génie, & combien cette partie intéressante du Spectacle tendroit à la satisfaction du Public.

PROJET de supprimer l'Aphithéâtre à l'Opéra, & de mettre des bancs au Parterre, & les avantages qui en résultent.

On s'efforce par-tout de publier l'inconstance françaife, & l'on ne trouve point de Nation plus constante; elle est d'une fidélité à toute épreuve aux anciens ufages, & aux anciennes habitudes.

Depuis Lully l'Italie a changé au moins vingt fois le genre de Mufique, la France a toujours gardé la fienne.

Le Parterre eft affis dans tous les Théâtres de l'Europe, il eft debout dans tous les Théâtres de France, pour conferver un ridicule Amphithéâtre, qui devient même nuifible à la recette, comme on va le prouver.

L'on a conftruit la nouvelle Salle de l'Opéra dans la forme & le goût de celles d'Italie; quoique fa forme foit très-agréable, elle n'eft pas exempte de défauts. On a fuivi conftamment l'ancienne méthode de l'Amphithéâtre qui tient la place de plufieurs Loges grillées qui feroient louées préférablement aux autres, que l'on laifferoit au Public qui en manque fouvent; l'on fait combien les Loges grillées font recherchées aux autres Spectacles. On propoferoit en conféquence d'abolir l'Amphithéâtre, & de le mettre tout en Parterre jufqu'à l'Orcheftre, comme l'on pratique généralement par-tout. Les places que les bancs prendroient feroient compenfées par celles que l'on gagneroit en fupprimant l'Amphithéâtre, & l'on mettroit alors les entrées du Parterre à trois livres, ce qui augmenteroit d'un tiers la recette au même nombre de places, indépendamment des Loges grillées qui produiroient un bénéfice confidérable.

Il eft inconteftable qu'il n'y a point de perfonne qui aille à l'Opera, qui ne dépenfe vingt fols de plus pour être affis, & ne pas effuyer le défagrément que caufe la foule dans les grandes repréfentations, & les inconvéniens qui arrivent toujours tant par les cabales, que par ceux qui s'y introduifent pour y caufer du défordre ; à ce moyen la garde deviendroit moitié inutile, & l'on ne feroit pas forcé dans les grandes repréfentations d'interrompre le Spectacle pour emporter des malheureux qui étouffent, & à qui l'on a toutes les peines pour donner du fecours ; cet objet mérite la plus grande attention.

On croit devoir obferver encore en adoptant la méthode des bancs, qu'il réfulteroit un nouveau bénéfice à l'Académie, elle accorde les entrées aux Auteurs & aux Artistes, qui n'en profitent, suivant les Réglemens de l'Opéra, qu'à la troisième ou quatrième représentation. Si l'Opéra est suivi, l'Académie de Musique perd considérablement sur 60 ou 80 entrées à l'Amphitéâtre à 7 l. 10 s. par place. L'Amphitéâtre étant supprimé, elle ne donne plus que des entrées à trois livres ; il est donc clair que ladite suppression ; indépendamment des bénéfices énoncés ci-dessus, en produiroit encore un sur lequel on n'a point fait attention jusqu'à ce moment.

Nous avons indiqué que les principaux moyens pour le rétablissement d'un Art qui fait dans toute l'Europe le charme & l'occupation des Sociétés ; Paris, qui est sans contredit le centre des connoissances & du goût, peut seul augmenter la magnificence de l'Opéra & le porter à un si haut degré de perfection & de gloire, qu'il deviendroit par la suite le modèle des Théâtres les plus célèbres d'Italie.

FIN.

www.ingramcontent.com/pod-product-compliance
Lightning Source LLC
Chambersburg PA
CBHW060500050426

42451CB00009B/752